AF296605

COMITÉ CATHOLIQUE

DE

SECOURS A L'ARMÉE

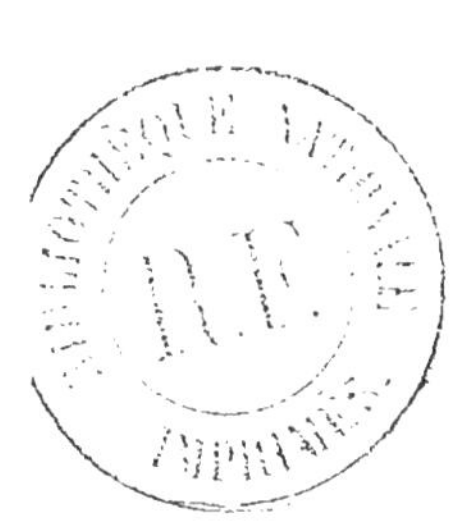

RAPPORT

SUR

LES OPÉRATIONS DU COMITÉ

PENDANT L'ANNÉE 1870-1871.

1872

Paris. — Typ. Ad. Lainé, rue des Saints-Pères, 19.

COMITÉ CATHOLIQUE

DE

SECOURS A L'ARMÉE

Lorsque éclata, en 1870, la terrible guerre qui devait en quelques mois bouleverser la France, le premier souci des cœurs catholiques fut pour les braves soldats qui allaient y sacrifier leur vie. On savait combien leurs provisions spirituelles étaient courtes, combien grands les périls et les souffrances de toutes sortes auxquels ils allaient être exposés. C'est à soulager ces douleurs et à écarter ces périls que le zèle des âmes pieuses résolut d'appliquer surtout ses efforts, et c'est l'idée qui donna naissance au Comité catholique (1).

(1) Voici la liste des membres du Comité :

Mgr de Ségur, président ;

M. l'abbé de Girardin, vice-président ;

M. H. Poussielgue, trésorier ;

M. Auguste Roussel, secrétaire, rédacteur de l'*Univers* ;

MM. Chesnelong, député ;

Chesnier du Chesnes, rédacteur de l'*Union* ;

Général comte de Geslin, commandant la place de Paris et la subdivision de la Seine ;

Gicquel des Touches, contre-amiral ;

Keller, député ;

J. Keller, sous-intendant militaire ;

Kolb-Bernard, député ;

Ed. Lafond ;

l'abbé Le Rebours ;

le vicomte de Mayol de Lupé, rédacteur de l'*Union*,

Dr Ozanam ;

Révérend P. Picard ;

C. Poussielgue ;

A. Ravelet, rédacteur du *Monde* ;

A. de Riancey, rédacteur de l'*Union* ;

le comte G. de Sabran Pontevès ;

le comte Anatole de Ségur, ancien conseiller d'État ;

G. Seigneur ;

Général de Sonis, commandant la 16e division, à Rennes ;

le comte de La Tour, ancien député ;

Eugène Veuillot, rédacteur de l'*Univers*.

A peine publiée, cette idée fit des prodiges. Au bout d'une semaine, les journaux religieux qui s'en étaient faits les ardents propagateurs, avaient recueilli des sommes relativement considérables qui permirent au Comité de se constituer fortement pour une action immédiate. Dès la première séance, tenue sous la présidence de Mgr de Ségur, il fut décidé qu'afin d'étendre cette action, des comités correspondants seraient établis dans les principales villes frontières, où l'on supposait alors que se concentrerait presque exclusivement l'action militaire, et où, par conséquent, il importait de diriger au plus tôt les secours qui étaient aux mains du Comité. M. Keller s'occupa plus particulièrement d'organiser dans l'Est ce que j'appellerai la seconde section du comité parisien. Grâce à son zèle, des ambulances furent promptement établies partout, et si, à raison des difficultés que je signalerai tout à l'heure, ce qui put être fait resta au-dessous des besoins et de nos désirs, nous eûmes pourtant la joie d'apprendre que nos secours avaient soulagé bien des cœurs.

Disons-le tout d'abord, si le Comité se préoccupait de porter aux mourants et aux blessés les secours matériels dont une généreuse charité l'avait pourvu, c'est surtout aux besoins spirituels qu'il avait le dessein de parer. On n'ignorait pas que le service de l'aumônerie officielle dans l'armée était mal organisé et insuffisant. Qu'est-ce qu'un aumônier par division ? Et comment pourrait-il suffire en campagne aux besoins de tant de soldats ? Cependant la moisson ne faisait pas défaut, et les correspondances venues de Metz, où se concentrait l'armée, nous racontaient les merveilles de la grâce opérées sur un nombre considérable de soldats par les religieux et les aumôniers volontaires qui s'étaient attachés à nos troupes dans cette ville et sur tout le parcours de l'armée. Que de confessions recueillies, que de médailles et de scapulaires distribués ! A peine arrivées, nos provisions d'objets de piété étaient enlevées avec un entrain qui montrait bien le fond religieux de ces braves soldats trop longtemps négligés.

« Depuis la déclaration de la guerre, dit le P. Féron, jusqu'aux premiers désastres de Wissembourg, à Metz, à Boulay, à Forbach et dans toute la Moselle, c'est par milliers que nous avons eu l'insigne bonheur de réconcilier avec Dieu et de communier nos braves soldats. Nous avons eu, pendant ces trois premières semaines, jusqu'à cinq et six cents hommes à la fois, se pressant et se bousculant pour se confesser. Dans les églises, dans les camps, dans les gares, dans les rues, partout où nous pouvions les atteindre, partout aussi ces jeunes gens répondaient à notre appel. »

Par malheur, l'encombrement et bientôt la rupture des voies ferrées venaient arrêter cette exportation dont le bilan de M. le trésorier nous donnera le compte éloquent. C'était un motif de plus pour agir activement, afin de procurer aux soldats les aumôniers volontaires qu'ils réclamaient et qui s'offraient de toutes parts. Malheureusement, leur zèle rencontrait un obstacle presque insurmontable dans le mauvais vouloir ou l'insouciance des autorités compétentes.

C'est ainsi que fut empêché l'envoi d'un bon nombre de prêtres qui ne demandaient qu'à sacrifier, sans aucun retour, leur temps et leur vie pour gagner des âmes à Jésus-Christ. Pourtant, à force de démarches et d'instances, les membres du Comité parvinrent à lever ces difficultés, et plusieurs aumôniers partirent dont les travaux consignés dans les pièces déposées dans nos archives témoignent éloquemment de l'action bienfaisante du Comité.

C'est ici que j'arrive proprement à parler de nos œuvres et des fruits qu'elles ont produits; mais comme notre action a embrassé une triple période, je crois, pour plus de clarté, devoir la rapporter à trois points, qui comprendront la campagne dans l'armée du Rhin, et, plus tard, dans l'armée de la Loire et l'armée de Normandie; la campagne sous Paris, et enfin la campagne dans nos murs après la signature de l'armistice.

La première période nous est parfaitement connue, grâce aux rapports très-complets fournis par les PP. Antoine, Bruno, Hyacinthe, Paul et Réginald, dominicains de la province de Lyon. Je ne saurais mieux faire que de la résumer d'après eux.

Dès le 16 août, les PP. Antoine, Paul et Réginald se trouvaient réunis au camp de Châlons et commençaient à confesser dans l'église de Mourmelon, où l'on avait organisé une réunion qui avait lieu tous les soirs et qui était très-suivie. Leur ministère près des soldats dura dix jours et fut très-fructueux. Quand le camp fut levé, les Pères s'étant pourvus d'un cheval et d'une charrette pour emporter le linge et les provisions de liebig fournis par le Comité, se mirent à la suite de l'armée. On ne les agréa point sans difficulté, parce qu'ils n'étaient point aumôniers attitrés près d'un corps spécial, et ils n'obtinrent de continuer leur route qu'après s'être fait accepter par le corps franc des éclaireurs Mocquard venant de Paris. Cependant deux divisions manquaient d'aumôniers, et l'on était à la veille d'une bataille! L'aumônier en chef du premier corps, M. l'abbé de Beuvron, qui a toujours été parfait pour les aumôniers volontaires, et qui se rendait compte des besoins religieux du soldat, profita de cette circonstance pour réclamer les services des Pères. C'est ainsi que le P. Antoine devint aumônier officiel du corps de cavalerie dans l'armée du général Ducrot. En cette qualité, il assista à la bataille du 29 août, première des journées qui devaient aboutir à la capitulation de Sedan. Pendant les deux jours du combat, il fut sur le champ de bataille, confessant et administrant les blessés faits prisonniers par les Prussiens; il pénétra même dans leur camp, et il eut la consolation d'y administrer bon nombre de nos blessés que nos ennemis avaient recueillis avec les leurs.

Remis en liberté après la capitulation, le P. Antoine se rendit à Sedan, où il resta plusieurs jours dans l'ambulance de sa division, puis il se joignit à plusieurs autres Pères dominicains envoyés également par le Comité, et qu'il avait déjà rencontrés sur le champ de bataille. Ensemble ils décidèrent de répartir leurs soins entre les blessés qui se trouvaient à Balan, à Sedan, à la Moncelle, à Doigny et dans tous les environs. Non-seulement ils leur prodiguaient les consolations religieuses, mais, grâce aux secours fournis par le Comité, ils se chargèrent de nourrir, *pendant huit jours*, une soixantaine de blessés qui, sans eux, seraient morts de faim, à cause du désarroi complet de l'Intendance et du dénûment général où l'on se trouvait. Ce dénûment était tel, qu'un jour ils abandonnèrent leur pain à une famille très-riche dont la maison avait été complétement dévalisée.

Le mois de septembre se passa tout entier dans ces travaux. Lorsque leur ministère fut terminé, les Pères entrèrent en Belgique pour revenir en France, et tenter de se rendre auprès de l'armée de la Loire, qui se formait. Dans ce dessein, ils mirent à exécution une idée qu'ils avaient depuis longtemps à cœur, et qu'il y a lieu d'étudier pour l'organisation future des armées en campagne. Avec l'aide de chirurgiens belges (1), qui se dévouaient à cette œuvre avec

---

(1) Nous donnons leurs noms. Ce sont M. de Lalaubie, chirurgien en chef, et les aides-chirurgiens MM. Buffard-Quentin, Masseloux, Huet.

un désintéressement parfait, ils composèrent une ambulance volante et partirent pour l'armée de la Loire.

En y arrivant, le P. Antoine fut demandé comme aumô-nier du 4° dragons de marche, et laissa aux seuls soins du P. Bruno, aidé de deux frères convers, l'ambulance volante qui fut attachée à la 2ᵉ division du 16ᵉ corps. Cette division se trouvait alors à Maves, où elle resta huit jours encore, pendant lesquels le P. Bruno put confesser un grand nombre de soldats. Le 8 novembre, on leva le camp afin de livrer cette fameuse bataille de Coulmiers, où le brave général d'Aurelles mit pour la première fois la victoire du côté de nos armes. C'est le soir de la bataille que l'ambulance du P. Bruno, ayant traversé le pays abandonné par Von der Tann, arriva au lieu du combat. Elle se transporta au châ-teau de Luz, où de nombreux blessés avaient été recueillis dans la chapelle. De là elle partit pour Orléans et, après une halte de deux ou trois jours, gagna Saint-Péravy-la-Co-lombe. C'est là qu'il fut permis de voir ce que peut l'exem-ple des chefs sur les soldats. Le général d'Aurelles fit célé-brer solennellement un service d'actions de grâces pour re-mercier Dieu de la victoire, et cette cérémonie réveilla tellement le sentiment chrétien chez les soldats, que beau-coup s'offrirent d'eux-mêmes à la grâce qui autrefois les cherchait. M. l'abbé de Beuvron profita de ces dispositions pour organiser des réunions du soir. Elles furent très-suivies, et tout le temps qu'elles durèrent, les aumôniers ne cessèrent d'avoir à entendre des confessions. Le succès fut plus com-plet encore à Gémigny, où l'on se rendit en quittant Saint-Péravy. Le curé ayant également ouvert des réunions dans son église, non-seulement les chefs du 7ᵉ bataillon de chasseurs donnèrent toutes facilités à leurs soldats d'y aller, mais ils dé-signaient l'heure à l'ordre du jour et étaient eux-mêmes exacts au rendez-vous. A la suite de ces exercices, presque tous les hommes du bataillon demandèrent et reçurent le scapulaire. Quelques jours après, ils étaient engagés. Sur 1,200, il en resta 70 ou 80. Combien d'âmes ont été sauvées pour le ciel !

Après avoir signalé ce bel exemple à l'honneur des officiers du 7ᵉ bataillon, nous ne pouvons nous empêcher de faire réflexion sur les exemples tout contraires donnés trop souvent, hélas ! par quelques officiers. Dans le rapport du P. Hyacinthe, nous lisons que le 31 août, au moment où l'action allait s'engager, les officiers donnaient leurs ordres et envoyaient leurs hommes au feu avec des blasphèmes effroyables.

Le P. Bruno raconte que, ayant été un jour rudement repoussé par des soldats qu'il excitait à se confesser, pour le 8 septembre, il s'ingénia ce jour-là à faire la cérémonie aussi belle que possible dans la modeste chapelle où il devait dire la messe. Les soldats l'aidèrent à décorer le sanctuaire. Il y en eut même douze sur soixante qui se confessèrent, et la cérémonie fit tant d'impression sur les autres, qu'ils témoignèrent du regret de leur résistance de la veille. L'élan était donné, dit le Père ; ces âmes allaient le suivre, mais la présence et les discours d'un capitaine athée paralysèrent et arrêtèrent ce généreux mouvement.

Plusieurs lettres annexées au rapport font les mêmes révélations. Nous citerons entre autres la lettre d'un commandant des mobiles de l'Aube, dont nous voulons taire le nom, qui écrivait à M. l'abbé Planchat.

Monsieur.

Je viens d'apprendre que vous avez embauché la plus grande partie de mes hommes pour aller à la messe dimanche prochain ; j'en suis d'autant plus surpris. que je vous ai donné l'ordre formel de ne plus vous présenter dans les baraques de mon bataillon. Si j'ai un conseil à vous donner et que vous ferez très-bien de suivre.

c'est de ne plus vous occuper de mes hommes, de les laisser tranquilles à leurs devoirs militaires et de ne les en détourner sous aucun prétexte. L'ordre a été donné aux compagnies de vous mettre à la porte chaque fois que vous vous présenterez dans l'une d'elles. J'espère, monsieur, que cet avis vous suffira et que je n'aurai plus besoin de vous écrire à ce sujet.

Nous n'avons pas besoin de dire que M. l'abbé Plauchat répondit comme il convenait à cette étrange sommation. Mais de quelle triste lumière une lettre pareille n'éclaire-t-elle pas l'état moral des troupes ainsi commandées?

Est-ce donc ainsi qu'on pense obtenir le secours du Dieu des armées et exciter le soldat à faire son devoir? Ce qui devait s'ensuivre, tout le monde le sait aujourd'hui, mais les soldats l'appréciaient eux-mêmes dès le début, car nos troupiers qui se laissent si souvent entraîner savent aussi réfléchir. L'un d'eux, dont le P. Hyacinthe rapporte les paroles, voyait déjà clair au lendemain de Sedan sur l'avenir de la France. « Nous avons été battus, disait-il avec l'accent d'une foi simple et profonde, c'est justice. Nous avions quitté Dieu. A son tour, il nous a abandonnés. »

Revenons au P. Bruno, que nous avons laissé avec son ambulance à Gémigny. Le 30 novembre, on donne l'ordre du départ, et le soir ils arrivent à Sougy. Le lendemain, à neuf heures du matin, on engageait ce combat de Patay, demeuré célèbre, grâce à l'héroïsme des zouaves pontificaux. Il réussit à contenir les armées ennemies, mais ne put empêcher la déroute. L'armée française dut battre en retraite. Le Père la suivit, emmenant avec lui les blessés qui étaient à Sougy et un malheureux qu'on avait oublié sur le champ de bataille et qu'il avait découvert la nuit, à onze heures, sous la neige. Depuis lors, ce ne fut plus qu'une course, le 5 décembre à la Ferté-Saint-Aubin, le 6 à Meung, le 7 à Mer, le 8 à Josnes, où les blessés étaient accumulés au nombre de plus de 400.

Trois jours se passèrent dans les soins à distribuer aux blessés. Le 12, il fallut les évacuer sur Vendôme, où l'ambulance demeura jusqu'à la bataille qui se livra le 15 sous les murs de cette ville. Le 16, Vendôme était occupé et l'ambulance s'était transportée à Saint-Calais où le P. Bruno resta jusqu'au 30, confessant et administrant. Il repartit alors pour Aigné, puis pour le Mans, où il entra le 10 janvier, la veille de la bataille qui devait livrer la ville. Sur la route et sur le champ de bataille, il eut le bonheur de confesser un grand nombre de soldats. Des blessés qui mouraient d'humidité, de froid et de manque de soins dans une ferme du bois de Saint-Martin, furent recueillis et transportés au Mans. Bloquée dans cette ville jusqu'au 15, l'ambulance n'eut que difficilement l'autorisation d'en sortir. Elle se rendit alors à Saint-Jean en Mayenne, puis à Poitiers, alla ensuite à Châtellerault, et finalement revint à Poitiers. Enfin, elle fut licenciée le jour même où l'on connut la signature de la paix.

Pour ne pas interrompre l'histoire de l'ambulance formée par les soins communs des PP. Ambroise et Bruno, nous avons laissé le P. Ambroise au moment où il devient aumônier officiel du 4e dragons, appartenant au 16e corps et commandé par M. le colonel Roze, puis par M. le lieutenant-colonel de Pitray. Depuis le 21 octobre 1870 jusqu'au 31 janvier 1871, nous pourrions faire de l'apostolat du P. Ambroise une histoire non moins détaillée et édifiante que celle du P. Bruno. Contentons-nous de dire qu'il assista, sous le feu de l'ennemi, à 17 actions, dont les principales sont : les batailles de Coulmiers (9 novembre), Patay et Orléans (1, 2, 3 et 4 décembre), Josne et Poilly (6, 7, 8, 9, 10 décembre), Vendôme (14 et 15 décembre), le Mans (11 janvier). Or l'effet produit par la présence des prêtres au milieu même du combat est considérable. Nous en avons été témoins à Paris. Il en était de même en pro-

vince. Plusieurs fois, les officiers et les généraux en félici-
taient et remerciaient les aumôniers. Quant aux soldats, ils
en prenaient souvent occasion de s'exciter à remplir leurs
devoirs avant de mourir. Que si l'on veut marquer ces effets
par une statistique qui pourra, avec quelque variante, s'appliquer à tous les aumôniers du Comité, écoutons le P. Ambroise :

« Pendant toute cette guerre, dit-il, j'ai distribué 4,000 médailles, j'ai visité environ 3,000 malades ou blessés, j'ai
entendu un millier de confessions, j'ai administré deux
à trois cents soldats, et j'ai pu en communier plus de
cent. »

Voilà ce qu'a pu faire un seul de nos aumôniers. Mul-
tipliez ces résultats par 210, chiffre des aumôniers secourus
par le Comité, et l'on aura une idée du bien incalculable
qu'il nous a été donné de répandre dans l'armée.

Ces chiffres en disent pour recommander notre œuvre
beaucoup plus que les récits les plus détaillés. Je n'in-
sisterai donc par sur les très-intéressants rapports des
PP. Hyacinthe, Paul et Réginald, qui nous montreraient
le même zèle s'exerçant dans des circonstances à peu près
pareilles. Je me contenterai de relever un fait dans le
rapport du P. Hyacinthe, qui, partant une nuit à onze
heures avec sa colonne à la rencontre de l'ennemi, confessa de 10 heures à 1 heure une compagnie presque
tout entière, à commencer par le capitaine, le lieutenant et
les sergents. « Si j'avais pu me multiplier, dit-il, presque
toute la colonne de 5,000 hommes y aurait passé. » Quel
encouragement et quelle leçon !

Les PP. capucins ne s'étaient pas plus épargnés que les
enfants de Saint-Dominique. Nous verrons bientôt ce qu'a
fait le P. Patrice à Paris, au fort du Mont-Valérien. Sur les
premiers champs de bataille, les PP. Regis de Chuyer, Al-
phonse de Malbo, Ubald et Moïse, ont prodigué également

les soins de leur ministère aux soldats vivants et blessés. Nous n'avons point de détails circonstanciés sur les résultats de leur œuvre, que nos revers précipités ne leur ont pas permis de poursuivre, mais nous savons que le P. Regis a été vu à la bataille de Sedan, empressé jour et nuit près des blessés et des mourants. Après la capitulation, il suivit les prisonniers à Coblentz, où il est resté pour soulager leur captivité et poursuivre leur conversion (1).

Tel est, pour les armées de l'Est et de la Loire, le résumé de nos œuvres.

Dans l'armée de Normandie, les PP. Sébastien et Hyacinthe nous montrent des efforts pareils, couronnés des mêmes succès. A leur départ, les directeurs du Comité leur avaient dit comme à tous les autres aumôniers : « Allez aux âmes. Peu importe la route, passez où vous voudrez, où vous pourrez, pourvu que vous arriviez aux âmes de nos pauvres soldats. » Munis de cette instruction et de cette singulière feuille de route, les deux Pères dont nous parlons avaient d'abord été poussés sur les champs de bataille de Sedan et de là en Belgique. Ils s'y arrêtèrent quelque temps à cause des difficultés qu'on opposait à leur rentrée en France. Enfin ils purent partir, emmenant avec eux, à l'exemple des Pères de l'armée de la Loire, une ambulance volante formée par le concours de plusieurs médecins et étudiants en médecine belges. D'abord dirigés sur Mézières, les Pères passèrent bientôt en Normandie, où ils restèrent deux mois, ayant presque chaque jour l'occasion d'exercer leur saint ministère dans les escarmouches que se livraient les armées prussienne et française. Notre armée, forte d'environ 35,000 hommes, se trouvait

______

(1) Nous signalerons également le zèle admirable de M. l'abbé Debras, du diocèse d'Arras, parti l'un des premiers pour les armées de l'Est et qui a prodigué ses soins à nos prisonniers en Allemagne, pendant toute la durée de leur captivité.

alors établie dans l'Eure, à Fleury–sur-Andelle, pour couvrir Rouen du côté de Paris. Or, pour tant de monde, il y avait à peine deux ou trois aumôniers. Le P. Hyacinthe déclare n'en avoir vu qu'un seul, un aumônier que les Bretons avaient emmené avec eux de leur pays. Le travail ne manquait pas. Le zèle des deux aumôniers volontaires se multiplia pour y suffire, et nous pouvons constater qu'il produisit les plus heureux fruits. Le P. Hyacinthe signale particulièrement les mobiles de l'Oise, des Landes, des Hautes-Pyrénées, de la Seine-Inférieure, quelques troupes de ligne et les chasseurs comme ayant le mieux répondu à ses soins.

Après la prise de Rouen, toute l'armée se replia en hâte sur le Havre. Nos religieux l'y suivirent. Mais là les Pères du Havre s'occupaient chaque jour et très-activement de visiter partout les soldats. On songea à employer ailleurs le zèle de nos aumôniers, qui parvinrent à rejoindre l'armée de l'Ouest, au Mans. Dans la retraite sur le Havre, ils avaient perdu leur ambulance. Au Mans ils trouvèrent notre armée déjà affaiblie. Elle était d'ailleurs pourvue des aumôniers volontaires dont nous avons parlé dans la première partie du rapport. Nos pères jugèrent donc leur mission terminée, et ils rentrèrent dans leurs maisons respectives.

Venons maintenant à ce qui s'est fait sous les murs de Paris. Ici encore, on n'a pu, à cause des difficultés signalées au début de ce travail, organiser tout de suite ni complétement un service d'aumônerie tel qu'il eût été nécessaire et que nous l'aurions voulu. D'ailleurs, Paris bloqué ne permettait plus ce concours de zèle qui, au début de la guerre, avait amené vers le Comité tant de prêtres disposés à porter aux armées leur dévouement et leur vie. Néanmoins, nous avons été assez heureux pour aider encore le zèle des prêtres restés à Paris et qui, les jours de bataille, parvenaient à forcer toutes les portes pour aller sous les balles même parler de Dieu à ceux qui allaient mourir. Plusieurs lettres déposées en nos archives témoignent de ce qu'il a été permis au Comité de faire pour ces fervents ouvriers afin de les aider dans cet apostolat, que je me permets d'appeler l'apostolat de la bataille.

« Depuis le 10 octobre jusqu'au jour de leur départ, écrit M. l'abbé Chauveau, j'ai suivi partout les mobiles du Puy-de-Dôme, campés d'abord à Arcueil, puis à Vitry. Mon ministère a été aussi consolant que possible au milieu de ces braves gens. A très-peu d'exceptions près j'ai confessé tous mes mobiles et la plupart des officiers. Le bataillon comptait au début 1,503 hommes. Chaque soir, autant que les exigences du service le permettaient, je les réunissais à l'église pour la prière, accompagnée de cantiques et d'une petite instruction. J'ai pu, en outre, confesser un nombre considérable de soldats de toute arme qui campaient avec nous. »

Au Mont-Valérien, le P. Patrice obtenait également les plus beaux résultats. Il est parvenu à instruire et à confesser près des deux tiers de la garnison. De son côté, dom Robot, bénédictin demeuré sous les murs de Paris au milieu des ambulances allemandes, écrit : « Ce que j'ai eu de consolations auprès de nos blessés, je ne puis le dire. Aucun blessé n'est mort sans avoir reçu les sacrements, ou au moins sans en avoir exprimé, comme il pouvait, le désir. Un grand nombre sont morts en saints, et puissé-je finir comme eux ! »

Dans les ambulances, la charité du Comité s'est exercée d'une façon plus universelle, plus directe et, par conséquent plus efficace. En secourant par les dons des catholiques ces ambulances libres où le prêtre trouvait plus facilement accès et où des soins maternels préparaient le malade à l'action du convertisseur, on peut dire que le Comité a opéré de vraies merveilles. En effet, grâce à ces soins, la plupart des soldats rendus à leur naturel, qui est d'être doux, bons, simples et croyants, faisaient l'admiration de leurs gardes-malades. Eux-mêmes, une fois convalescents, se plaisaient aux bonnes lectures qui leur étaient fournies, aux chants religieux et aux exercices de piété. Leur âme était comme transformée, et l'un d'eux exprimait un jour naïvement ce qu'il sentait en ces termes : « Faut-il être bête pour croire que c'est difficile de vivre heureux au couvent ! »

Nous arrivons à parler de ce qui a été fait pour épargner aux soldats, une fois rentrés à Paris après l'armistice, les dangers de l'oisiveté ou des fréquentations dangereuses. Dans tous les principaux quartiers où ils étaient campés, on a pris soin d'organiser à grands frais des lieux de réunion où ils fussent assurés de trouver des livres, des jeux honnêtes, la facilité de correspondre avec leurs familles trop longtemps privées de leurs nouvelles, etc. Ce qu'ont produit ces fondations, je ne saurais mieux le dire qu'en l'apprenant des prêtres zélés qui se sont dévoués à les faire fructifier.

Parmi eux, le Comité a la joie de compter l'un des glorieux martyrs de mai, M. l'abbé Planchat. Ce n'est pas sans une émotion véritable que nous avons touché et parcouru ce journal de son patronage, relique précieuse qui sera gardée à la place d'honneur dans les archives de notre Comité. C'est là qu'avec une simplicité et une humilité dont sa vie offrait l'admirable exemple et dont son martyr ne fut qu'une consécration, l'abbé Planchat inscrivait au jour le jour les actes de sa charité. Combien nous en a-t-il laissé ignorer, Dieu seul le sait ; mais ce qu'il a bien voulu nous apprendre suffit à faire la plus belle histoire de ses travaux vraiment apostoliques et de ceux de M. l'abbé de Broglie, son zélé collaborateur (1). A eux deux ils ont instruit, confessé, communié des soldats par milliers. A

____

(1) M. l'abbé de Broglie est devenu le directeur du patronage à la tête duquel se trouvait l'abbé Planchat.

toutes les heures, par tous les temps, dans la boue, sous la neige, par la gelée, ils allaient à la conquête des âmes qui se laissaient prendre à ce feu de l'apostolat divin. Les traits édifiants de cette campagne abondent. Réduits à nous borner, nous en choisirons deux ou trois qui donneront l'idée des autres, et parmi eux un épisode qui nous présente, — par un rapprochement saisissant, — l'abbé Planchat aux prises avec les hommes de la Commune dès le mois de novembre.

C'était après la grande bataille de Champigny. L'abbé Planchat et l'abbé de Broglie se mettent en campagne pour aller relever et secourir les blessés. Nous pûmes, dit l'abbé Planchat, étancher la soif de plusieurs. Parmi tous les autres je remarquai un jeune Bordelais qui gisait par terre, ayant les cuisses brisées. — Avez-vous une médaille, lui dis-je. — Regardez plutôt cette chaîne, me répondit-il, ma mère et ma sœur me l'ont donnée, et au bout il y a deux médailles. Oh ! j'allais souvent à Notre-Dame de Verdelais ! » Ailleurs, dans l'ambulance de Fontenay, un jeune Périgourdin accueillit fort bien le ministère de M. l'abbé de Broglie. — Oh ! répétait-il, que je voudrais voir le curé qui m'a fait faire ma première communion ! — L'abbé Planchat lui offrit un chapelet : — Où est, dit-il, la croix, que je la baise. Et il se recoucha, semblant n'avoir plus souci de ses douleurs. »

En un autre endroit, l'abbé Planchat raconte un fait qui prouve la fécondité du rude ministère qu'il exerçait avec d'autres aumôniers, la nuit, auprès des postes, des bivouacs et des sentinelles avancées. Le R. P. N. de la Congrégation de Picpus passait une nuit en un campement voisin de la Marne. Il aperçoit un soldat qui se promenait tout pensif le long de la rivière. — Vous êtes préoccupé, lui dit-il, mon ami ? Vous désirez peut-être vous confesser ? — Oui, il n'y a pas longtemps que je me suis confessé ; cependant quelque chose me gêne. — La confession finie, le soldat s'écrie : Dire que je me suis battu hier toute la journée avec ce poids-là ! Puis le brave enfant se mit à sangloter, mais si fort qu'on l'entendait au loin. — Ne pleurez donc pas comme cela, lui dit le Père, les camarades vont vous entendre, ils croiront que vous regrettez le pays et que vous êtes un lâche. — Ils croiront ce qu'ils voudront, mais je suis trop content de m'être confessé pour ne pas le faire paraître. Laissez-moi pleurer. »

J'arrive maintenant à l'épisode dont je parlais plus haut.

C'était le jour de la Toussaint. La fête s'était passée au patronage de M. l'abbé Planchat, au milieu d'exercices pieux et de récréations honnêtes, auxquels avaient pris part les enfants du patronage et leurs parents, ainsi qu'un grand nombre de mobilisés. Tout à coup, au moment où l'on s'apprêtait à terminer la journée par le tirage d'une loterie, le portier accourt tout effaré : « Ils sont là, ils sont là, s'écrie-t-il. Deux cents hommes armés et leur capitaine en tête. » Notons que la fermeture du patronage avait été décrétée au club du boulevard Charonne, et l'aumônier en avait été averti. Il ne doute donc pas de l'objet de cette visite, mais, après s'être recommandé à Dieu, il va résolument au-devant du péril.

— Capitaine, dit-il, que désirez-vous de moi ?

— Savoir pourquoi les mobiles viennent en foule ici.

— Capitaine, quand vous donnez un ordre à vos hommes, trouvez-vous mauvais qu'ils l'exécutent ? Eh bien, j'ai été trouver les commandants des bataillons de mobiles qui se sont succédé sur nos boulevards. Ils ont approuvé que leurs hommes vinssent ici. Vous avez entendu parler du commandant Dampierre ! Volontiers, j'en suis sûr, vous feriez comme lui au champ d'honneur. Eh bien, le successeur de ce héros est venu ici mardi avec 800 de ses hommes assister à un service pour le repos de l'âme du commandant. Il a ensuite visité la gymnastique et les salles de jeu. J'aime, a-t-il dit, qu'on vienne ici.

— Soit pour la journée. Mais que viennent faire dans votre chapelle les mobiles le soir à six heures?

— Prier, chanter et entendre une conférence au lieu de hanter de mauvais lieux. Cela encore plaît à leurs chefs. Du reste, à peu près chaque fois, des gardes nationaux sédentaires assistent à ces conférences. Ils ont pu vous répéter ce que nous avons dit.

— Si ces sermons plaisent aux chefs, ils ne nous plaisent pas à nous ; il y a une devise qui se reproduit partout : Religion, Patrie et Roi.

— Nous avons, le 4 septembre, chanté le *Domine salvam fac Rempublicam*.

— Vous l'avez chanté de bouche, mais pas de cœur. Vous chantiez bien avant le *Domine salvum fac Imperatorem*.

— Comme vous, au *Te Deum*, le 15 août.

Ici un factionnaire, interrompant le capitaine orateur : Un fusil au curé, s'écrie-t-il.

— Il faut bien, reprit l'abbé Planchat, quelqu'un pour vous soigner blessés dans les ambulances.

— Tous les séminaristes s'y cachent, nous avons nos femmes pour nous soigner.

— En définitive, vous ne vous entendez pas, capitaine de la sédentaire et commandant de la mobile.

Ici autre interruption des francs-tireurs :

— Je sens votre cuisine. Elle est bonne, et nous, nous ne mangeons que de la soupe à l'ail.

— Si je violais votre domicile, réplique l'abbé Planchat, je pourrais y sentir quelque chose d'équivalent au ragoût de cheval qui bout ici. En tout cas, si vous mangez mal, vous buvez bien, car je le sens.

— Taisez-vous, interrompt de nouveau un franc-tireur,

vous capitaine et vous M. Planchat; sachez que nous ne reconnaissons pas le général Trochu.

— Qui donc est le gouvernement ?

— C'est nous.

— Si cela est, bonsoir. Et je fermai résolument ma porte au nez du capitaine que j'avais vu se troubler au mot de violation de domicile.

Il s'éloigna avec ses 200 assaillants; cependant, ajoute l'abbé Planchat, le lundi 7, j'entends dire que le capitaine va régulariser son union avec une femme qui le suivait depuis longues années. Je me rappelle, en même temps, qu'il y a deux ans, j'ai fait entrer aux Frères son fils âgé de dix ans.

Le mardi matin, à l'aube, j'étais chez le capitaine. — Eh bien, lui dis-je, vous me permettez d'entrer, car je ne veux pas, moi, violer votre domicile. Vous avez voulu me rendre un mauvais service, je voudrais vous en rendre un bon. Je sais que vous vous mariez aujourd'hui à la mairie, et, pour sûr, vous n'avez pas pensé à l'église ; je vous offre donc ma chapelle pour ce soir, j'obtiendrai toutes les permissions voulues.

— Monsieur, me répondit-il, si je suis venu l'autre jour, c'est qu'on m'a poussé, j'ai été baptisé, j'ai fait ma première communion. Ce que je sais, je le dois aux Frères. Me donnez-vous votre parole, monsieur le curé ?

— Oui.

Et de fait, le mercredi à neuf heures je mariais le capitaine, sa femme communiait. Priez pour leur fils !

Telles furent les œuvres de l'abbé Planchat. A côté de lui, le Comité est fier d'inscrire d'autres martyrs qui comptèrent aussi parmi nos aumôniers : le P. de Bengy, les PP. Captier et Bourard, pour l'ambulance d'Arcueil. Après eux, citons encore le R. P. Picard, membre de notre Comité, le R. P. Bazin, le R. P. Lemoigne et ses réunions militaires, le P. Tailhan, porté à l'ordre du jour et décoré pour une blessure reçue dans ses courses apostoliques.

Mais poursuivons le récit emprunté aux rapports de nos aumôniers.

« Je me suis occupé, dit M. l'abbé Courtade, des réunions de Charenton auxquelles nous avions relié celles de Maisons-Alfort et de Creteil. M. l'abbé Le Rebours d'abord, M. l'abbé de Broglie ensuite, se sont dévoués aux réunions de Creteil dans des conditions bien difficiles. — M. l'abbé Courtade explique ce mot pour Creteil, et il ajoute :

« Du 1er au 16 janvier, les réunions de Charenton ont été extrêmement nombreuses : chaque soir, près de deux mille soldats de tous corps se pressaient dans la grande église. M. l'abbé George et M. l'abbé Stafford, vicaires de la paroisse, restés à leur poste après l'émigration de presque tous les habitants et malgré les embarras, les souffrances et les périls de la situation, dirigeaient les exercices. Nous les aidions dans les prédications et les confessions. Les prédications étaient courtes et allaient toujours droit au but, c'est-à-dire à la pratique immédiate des sacrements. J'ai calculé que nous avions réconcilié avec Dieu, dans le ministère de la confession, 2,500 hommes environ en douze jours, tant à Charenton qu'à Maisons-Alfort et à Creteil. »

« De retour à Paris, dit le P. Féron, et pendant la durée du siége, nous avons retrouvé dans les casernes, à Notre-Dame, dans les forts, dans les églises de la banlieue, dans les avant-postes, le même accueil, le même empressement et les mêmes consolations qu'au début de la guerre, parmi les soldats de toutes armes. Dans les casernes de Napoléon et du Prince-Eugène, nous avons confessé et communié des régiments presque entiers qui étaient de passage et qui se succédèrent les uns aux autres pour aller former de nouveaux corps d'armée. Dieu seul sait le nombre des confessions que nous avons entendues à la Métropole, dans la chapelle de la très-sainte Vierge. Pendant trois semaines, les dimanches surtout, trois prêtres, de onze heures à cinq heures, ne pouvaient suffire. Dans les avant-postes, entre autres à Boulogne, à Montrouge, à Villejuif, aux Hautes-Bruyères, au Moulin-Saquet, à Ivry, à Charenton, à Maisons-Alfort, à Creteil, à Rosny, à Pantin, etc., nous avons confessé des bataillons entiers de mobiles et un nombre considérable d'autres soldats. Nous avons aussi trouvé d'immenses consolations dans différentes ambulances et infirmeries militaires, plus particulièrement à l'asile de Vincennes, aux Tuileries et dans la gare de Lyon. Tel est le faible aperçu des fruits extérieurs que nous avons obtenus pendant cette guerre. Nous ne disons rien des fruits que nous appelons intérieurs et qui consistent dans la résignation et l'abandon à la sainte et adorable volonté de Dieu au milieu des privations et des souffrances de toutes sortes que ces malheureux soldats ont endurées. »

Nous devons ajouter, à la suite de ce témoignage, que dans beaucoup d'endroits le zèle de laïques dévoués préparait admirablement les voies au ministère sacerdotal. Nous n'avons besoin que de citer ici M. Germainville, bien connu des soldats.

M. l'abbé Bédouet, vicaire à Montrouge, écrit encore : « Tout l'hiver les réunions du soir avec prières et cantiques ont été nombreuses ; elles ont même été suivies par des gardes nationaux de Paris qui se laissaient séduire par la distribution des manuels. Ils venaient presque tous ensuite recevoir le scapulaire et demander un chapelet, même les cantinières. Un grand nombre de ces hommes qu'à Paris le respect humain retenait, ne faisaient nulle difficulté, à Montrouge, de se confesser aux divers aumôniers qui se succédaient. Quelques-uns ont communié et beaucoup ont profité des lectures.

« L'entrain du chant picard et la bonne volonté des jeunes gens d'Amiens nous ont valu de belles réunions où se trouvaient aussi les mobiles de Saône-et Loire et beaucoup de gardes nationaux. Officiers et soldats libres de la tranchée sont venus clôturer l'année par la prière et le salut du Saint-Sacrement. »

Il en était de même aux réunions de Villejuif, sur lesquelles nous trouvons dans une lettre de M. l'abbé Fillol des renseignements qu'on ne peut lire sans une véritable émotion. « A partir du jour où, grâce à la charité si large du Comité catholique on a distribué des manuels aux soldats de Villejuif, l'église a été souvent trop petite pour nos belles réunions du soir. » M. l'abbé Fillol attribue ce résultat à deux prêtres héroïques qu'il ne nomme pas et qui venaient par la neige et la boue, sans se soucier de la nuit qu'ils passeraient sur la chaise ou la dure paillasse qui devait leur servir de lit. « L'un, dit-il, appartient à la communauté des eudistes et visite avec fruit, depuis bien des années, les soldats dans les casernes de Paris. L'autre fait partie du Comité catholique de secours pour l'armée. Grâce à leur concours, le nombre des confessions, et je ne parle pas ici de l'administration des sacrements sur le champ de bataille ou dans les ambulances volantes, le nombre des confessions a atteint à peu près le chiffre de *quatre mille deux cents. Plus de deux mille cinq cents* soldats sont venus à l'église de Villejuif faire la sainte communion. Le nombre des manuels distribués doit dépasser *quatre mille.* Celui des chapelets, opuscules, scapulaires, est encore plus considérable. Les longues réunions du soir pendant trois mois, la messe dite à 5 heures ou à 6 heures, l'étendue considérable de l'église qu'il fallait parfaitement éclairer, tout cela exigeait une assez forte dépense. Le Comité catholique, par la main de M. Le Rebours, y a pourvu (1). »

(1) Puisque le nom de M. l'abbé Le Rebours revient sous notre plume, nous ne saurions omettre de signaler son voyage en Allemagne, après la paix. Avec un zèle admirable, il s'est dévoué à aller dans toutes les villes où étaient

Je n'en finirais pas, si je voulais, comme cela m'est facile, multiplier ces témoignages. Et pourtant, je voudrais cueillir encore quelques traits pour notre édification parmi tous ceux qui se trouvent rapportés dans les lettres dont j'ai parlé. J'en citerai donc quelques-uns. — Le P. Sébastien raconte qu'au lendemain du désastre de Sedan, rencontrant des soldats débandés qui cherchaient à sauver leurs provisions et leur vie, il leur demanda s'ils n'avaient point vu tout près des blessés à secourir. On lui indiqua un petit bois où ils avaient vu un pauvre malheureux blessé à la tête, et qui, disaient-ils, doit être mort. Le P. Sébastien s'avance; guidé par des cris étouffés dont il entendait l'écho, il s'approche, et que voit-il? Un pauvre soldat, la tête fendue en deux, tout couvert de sang, et qui a rappelé toutes ses forces pour se mettre à genoux et joindre les mains. A la vue du prêtre: « Mon père, s'écrie-t-il, je demande pardon au bon Dieu ! » Ce fut son seul mot et il expira.

« Un soir, raconte encore le P. Sébastien, pendant que je prenais un peu de repos, on vint me chercher en me disant : Il y a chez moi un soldat qui se meurt. Venez vite. J'y cours, et je trouve un blessé à toute extrémité. Il avait le tétanos. Je le confesse et lui donne l'extrême-onction, puis, l'ayant consolé de mon mieux, je rentrai dans mon ambulance. Tout à coup j'entends des cris déchirants et quelqu'un se précipite qui me dit : C'est notre blessé; l'infortuné souffre tant qu'il ne cesse de crier. C'est en vain que nous l'exhortons à la patience en lui parlant du Ciel; la douleur triomphe de sa bonne volonté. Venez donc lui parler un moment. J'y vais, je lui parle du bon Dieu, de la récompense qui l'attend. Je lui dis d'avoir recours à la sainte Vierge, et je lui donne un chapelet. Alors il me dit : Mon père, je vous promets que je ne crierai pas cette nuit. Il tint parole.

internés nos soldats porter des secours matériels et de bonnes paroles aux malades qu'on n'avait pu rapatrier.

« Le lendemain, je lui dis : Avez-vous souffert, mon ami? — Oh! oui, mon père, beaucoup. Mais je n'ai pas crié, j'ai récité au moins cinq fois mon chapelet. Quelques heures après, il s'endormait dans le Seigneur. »

Le P. Bruno raconte qu'après les combats sanglants livrés sous Sedan, il put, avec le P. Antoine, pénétrer dans le camp ennemi. Quantité de blessés français s'y trouvaient mêlés aux blessés prussiens. C'étaient exclusivement des zouaves ou des turcos que les ambulances prussiennes avaient ramassés sur le champ de bataille. « Grande fut la joie de ces malheureux, dit-il, en nous voyant. Quelques-uns demandèrent d'eux-mêmes à se confesser. Nous invitâmes les autres à suivre cet exemple et tous, excepté un seul, qui ne croyait pas sa blessure mortelle, ou reçurent l'extrême-onction ou se confessèrent dans des dispositions admirables de foi et de piété. Il y avait un catholique parmi les turcos et plusieurs parmi les Allemands. Nous eûmes la consolation de les administrer. Un de nos soldats que j'avais confessé voulut me faire le dépositaire de ses dernières volontés. « Si je meurs, me dit-il, je veux qu'on m'élève une tombe auprès de celle de ma mère. »

Le même Père raconte encore ce trait de la foi des soldats qui se renouvela plusieurs fois dans cette campagne, et que nous retrouvons encore dans d'autres lettres annexées au rapport. « C'était à Vendôme ; vers les cinq heures, dit-il, je montai à cheval et j'allai au champ de bataille. Tout à coup un jeune cavalier se dirige vers moi ; il dit qu'il a l'ordre du général d'aller chercher les ambulances et me prie de l'accompagner, ce que je fais. Chemin faisant, il manifeste le désir de se confesser et veut mettre pied à terre pour accomplir ce devoir. Je le force à rester sur sa monture, et il commence sa confession, qu'il déroula pendant que nous achevions notre route. »

Dans un rapport où il se loue de nombreuses consolations que lui a données son ministère, le P. Bailly rapporte le mot énergique d'un soldat, qui résume les sentiments de tous ceux qu'il a confessés. C'était dans la rue, et ce soldat disait, avec un accent de conviction qui ne sentait nullement l'ostentation : « Voyez-vous, monsieur l'aumônier, avec une médaille, un scapulaire et un chassepot, je me f…. des Prussiens. »

« Un jour (c'est maintenant le P. Antoine qui parle), je traversais le camp de Mourmelon avec un ecclésiastique et un mobile de la Seine. Tout à coup nous voyons de loin se précipiter un officier au grand galop. Il fait signe que nous allions vers lui, et quand il fut à portée : « Celui du milieu, c'est à lui que j'en veux ! » Je me détachai, et il me dit avec des larmes dans les yeux et dans la voix : « Pardon, mon Père, de vous avoir hélé de la sorte, mais j'ai besoin de vous. J'ai promis à ma femme de me confesser, et je n'ai pu encore le faire, quoique j'aie assisté à deux batailles. Dès que j'ai vu votre robe blanche, je vous ai appelé, parce que j'aime beaucoup les fils du P. Lacordaire. » Ceci dit, il ôta son képi, fit un grand signe de croix et se confessa devant tout le monde.

Le P. Hyacinthe raconte, à l'éloge du Curé de Danzy, la noble attitude que tint ce digne Prêtre devant les envahisseurs : « Sa charité, dit-il, avait été admirable. A sa porte on ne cessait de donner du pain, du vin, tout ce qui se trouvait; aussi, un mois après, ce fut pour moi un vrai bonheur de donner à mon tour, au nom du Comité catholique, quelques secours à ce charitable prêtre. Il me racontait que sa chère paroisse, abandonnée par les Français et n'ayant, par suite, fait aucune résistance, avait néanmoins été onze fois livrée, par les Prussiens, au pillage. Lui-même avait été traité de la façon la plus indigne ; non-seulement ces bandits l'avaient absolument dépouillé, en sorte qu'il ne vivait plus que de la charité des Anglais et des Luxembourgeois, mais on l'avait retenu prisonnier en le menaçant sans cesse de la mort. Je vis moi-même les nombreuses entailles faites par le sabre prussien sur le front et le visage de ce vénérable vieillard. Il n'avait fait cesser ces traitements que par une explosion de son courage héroïque. Outré de voir sans cesse sur sa tête le sabre d'un Prussien hérétique, il se découvrit la poitrine en s'écriant : « La mort, je ne la crains pas. Frappez donc, lâches! » Ils le laissèrent en paix.

Citons encore ce mot d'un soldat couché sur le champ de bataille de Sedan, et tirant de sa poche une pièce de vingt francs, le seul argent qui y fût. « Tenez, dit-il à l'aumônier, prenez dix francs là-dessus pour des messes. Ils me seront plus utiles que si je les faisais servir à tout autre usage. »

Je ne saurais mieux terminer que par deux traits que raconte M. l'abbé Courtade, à l'honneur de gardes nationaux de Ménilmontant et de la Villette : ce ne sont pas deux endroits où les saints abondent. « A Créteil, dit-il, en pleine rue, j'ai été abordé par un jeune homme, caporal dans un bataillon de marche de Ménilmontant, qui me demanda de le confesser. Je voulais l'entraîner à l'église, mais il me fit comprendre qu'il était consigné, et que je devais entendre son aveu dans la rue. Je le fis en allant et venant, recommandant bien à mon pénitent de ne faire aucun signe qui pût trahir l'action qu'il faisait, et cela dans l'intérêt même du ministère que je remplissais. Je l'obtins, non sans quelque peine. En me quittant et après un mutuel serrement de main, il me dit : « Monsieur, je vous remercie bien. Il y en « a plus d'un dans mon bataillon qui voudrait en avoir fait « autant, mais ils n'osent pas! » Le jour de Buzenval, c'en fut un de la Villette qui vint à moi, mais jamais je ne pus obtenir de lui qu'il ne fît pas le signe de la croix, et n'ôtât pas son képi. Sans cela, la chose ne lui eût point paru bien faite. J'aurais bien voulu aussi que le pauvre homme ne pleurât pas. Mais allez donc enlever le cœur aux gens. D'ailleurs, les larmes commençaient à me gagner moi-même, tant j'étais touché de la foi de ce brave homme ! »

De pareils traits abondent dans les récits annexés au rapport, et qui forment pour le Comité des archives on ne peut plus précieuses. Forcé de me borner, je signalerai pourtant le récit de l'aumônier de l'ambulance de la rue Saint-Jean-de-Beauvais, qui a reçu, du 12 septembre au 6 mars, 184 soldats, lesquels se sont tous confessés, le récit du prêtre du Sacré-Cœur, dont la modestie s'oppose à ce qu'on publie son nom, de M. l'abbé de Pélacot, qui a rencontré plusieurs soldats volontairement engagés pour *expier leurs fautes,* etc. Mais il faut finir. Je n'ajouterai donc que peu de mots en manière de conclusion.

En examinant de près les lettres des divers aumôniers annexées au rapport, en rappelant les observations que chacun de nous a pu faire, il apparaît tout d'abord que l'œuvre entreprise par le Comité catholique est de celles dont la fécondité marque le mérite et consacre la nécessité. Le Comité catholique, fondé spécialement en vue de la guerre, doit donc subsister après elle et reporter sa sollicitude et son action sur l'armée en temps de paix, afin de parer pour l'avenir aux lacunes immenses que la guerre nous a révélées et dont nous avons tous tant souffert. Dans cet ordre d'idées, il est évident que l'on doit s'occuper énergiquement de réformer l'organisation de l'aumônerie militaire. Outre qu'elle est notoirement insuffisante, elle gêne parfois le libre dévouement des prêtres qui, le moment du péril venu, ne consultent que leur zèle et s'offrent à périr, pourvu qu'ils puissent auparavant donner une absolution. « Beaucoup de nos chers soldats », dit le P. Mathieu dans une lettre qu'il nous adresse, « ne se confessent pas, parce qu'ils ne savent où trouver les aumôniers. » C'est là un fait universel et douloureux. Il importe d'y remédier.

Ce n'est pas tout. Le système des ambulances lui-même, tel qu'il est pratiqué dans l'armée, est-il bien celui qui convient le mieux à la fois au soulagement corporel et au secours spirituel des soldats blessés? Plusieurs ne le pensent pas, et c'est l'avis du P. Antoine, qui examine dans son rapport un projet d'ambulances volantes qu'il a conçu. Voici la note du P. Antoine. Ce ne sont que des indications, et il y aurait lieu de les étendre et d'y ajouter des devis approximatifs si on voulait traiter ce sujet plus à fond. Mais ce que nous rapportons ici suffira à signaler l'importance de cette réforme dont parle, par expérience, quelqu'un qui l'a heureusement appliquée.

« Au lieu de former de grandes ambulances comme l'Internationale, dit le P. Antoine, ce qui demande des frais énormes sans produire des résultats proportionnels ; au lieu également d'envoyer les aumôniers isolément, ce qui les expose à bien des difficultés nuisibles au saint ministère, je proposerais de former de petites ambulances, avec un nombre restreint de chirurgiens et d'infirmiers, et auxquelles on attacherait plusieurs aumôniers, qui auraient ainsi une position sûre et pourraient de là rayonner dans une certaine étendue pour leur ministère.

Ces ambulances ainsi réduites ne coûteraient pas beaucoup et feraient un très-grand bien. »

Nous devons ajouter que les idées exposées ici sommairement par le P. Antoine, ont trouvé plus tard crédit auprès de la Société internationale qui a dressé plusieurs ambulances sur ce plan.

Enfin, nous avons vu quel profit les soldats ont tiré des réunions où ils trouvaient des livres, des distractions honnêtes, de courtes exhortations. Il est indispensable de généraliser cette œuvre, de fonder partout des bibliothèques, et, en fournissant ainsi des lieux mixtes où le prêtre et le soldat se rencontrent pour des causeries amicales, d'infuser, pour ainsi dire, au soldat cette force essentielle de la religion dont une fâcheuse interprétation des règlements, la routine et parfois le mauvais vouloir des chefs le tiennent trop systématiquement éloigné.

Telle sera désormais l'œuvre du Comité, définitivement constitué sous le nom de *Comité de secours religieux à l'armée*. Cette œuvre est immense, et nous ne nous en dissimulons ni l'étendue ni les difficultés ; mais l'intérêt est plus grand encore, et nous n'hésitons pas, parce que nous avons pleine confiance dans le zèle et la générosité des catholiques qui ont si admirablement soutenu le Comité dans cette première période de son action. Nous ne craignons donc pas de faire un appel plus pressant à la charité catholique, et à nos souscripteurs nous disons, en montrant nos œuvres : Voilà ce que vous avez fait, car c'est vous qui avez fourni tous les moyens d'action. Or ce succès vous engage à faire plus encore quand il reste tout à faire. Donnez. Il s'agit de l'âme de nos soldats.

Rappelez-vous ce héros obscur qui, en mourant, n'avait de pensée que pour sa mère. Combien sera-t-elle consolée dans sa douleur de savoir qu'un prêtre parmi ceux qui furent envoyés par vous, a reçu le dernier soupir et béni le voyage vers Dieu de son fils. Que de mères vous doivent ainsi et vous devront dans l'avenir le salut de leurs enfants ! Que d'intercesseurs vous seront par suite attachés auprès de Dieu ! Votre aumône vous sera donc rendue avec usure.

Est-ce trop, d'ailleurs, que de donner un peu d'or afin d'aider au salut de ceux qui, pour la patrie et pour nous, sacrifient si généreusement leur sang ?

Enfin, considérez que, dans l'état présent de la société, cette question de la régénération de l'armée est une des plus importantes et des plus graves. Car si cette force matérielle, qui reste aujourd'hui comme le seul appui de l'ordre, pouvait contenir les idées de justice et de religion qu'elle est naturellement appelée à défendre, il ne serait plus téméraire d'espérer dans un meilleur avenir.

Le secrétaire-rapporteur,

Auguste Roussel.

Janvier 1872.

Les lecteurs trouveront dans le tableau ci-contre, dressé par les soins de M. le trésorier, le relevé des recettes et dépenses du Comité depuis sa fondation jusqu'à ce jour.

COMITÉ DE SECOURS A L'ARMÉE

27 juillet 1870 au 31 décembre 1871.

RECETTES.	Francs.	Cent^s.
Reçu du journal l'*Univers*	109,914	»
— — l'*Union*	70,686	50
— — la *Semaine catholique de Toulouse*	11,000	»
— — de *Rennes*	10,000	»
— de l'évêché de Rodez	7,000	»
— du journal le *Courrier de la Vienne*	3,900	»
— — la *Semaine religieuse de Limoges*	3,000	»
— — le *Monde*	2,000	»
— — l'*Océan de Brest*	2,000	»
— — l'*Union savoisienne*	1,451	»
— — la *Gazette du Languedoc*	1,000	»
— de l'évêché de Bayonne	1,000	»
— de divers	24,956	80
	247,908	30

DÉPENSES.	Francs.	Cent^s.
Allocations à 210 aumôniers	72,872	60
— pour 87 ambulances	27,491	25
— pour 21 réunions de soldats	15,998	55
— à M. Saglio, à Strasbourg, pour installation d'ambulances	5,000	»
— à M. de Pontbriand, à Metz, pour ambulances	5,000	»
— au Comité de Bar-sur-Aube, pour ambulances	2,000	»
— à la Maison Saint-Joseph de Châlons, pour ambulances	1,300	»
— pour chapelles des camps de l'armée de Paris	7,000	»
Chapelles, calices, boîtes aux saintes huiles, hosties, bougies, chasublerie, linge d'autel, missels	5,893	10
3,365 douzaines de chapelets	4,408	65
600 — de croix	4,165	25
5,724 — de médailles	1,323	65
2,890 — de scapulaires	2,895	»
118,500 manuels	40,286	80
Livres de lecture et abonnements aux journaux	18,148	60
Jeux pour ambulances et réunions	286	80
Objets de voyage et de campement pour les aumôniers	4,977	45
Impression et distribution des mémoires à l'Assemblée	167	55
Change et négociation	893	10
Frais de bureau, impressions, timbres-poste	3,330	68
Transport de colis, voyages, voitures, commissions, frais divers	1,190	57
	224,629	60
Solde disponible	23,278	70
	247,908	30

Paris. — Imprimerie Adolphe Lainé, rue des Saints-Pères, 19.